Innensohlen ausschneiden (je 2 gegengleiche, Sohlen als Schablonen für die Innensohlen verwenden). Je zwei Vorderteile rechts auf rechts legen, die Oberkante steppen, wenden und absteppen. Die Unterkanten zusammen versäubern. Die Innensohlen versäubern, auf die Sohlen legen und mit Langettenstichen annähen, siehe Workshop Umschlagseite C. Dabei an den Seiten, jeweils 7 cm von der hinteren Kante entfernt, je 1 zusammengenähtes Band mitfassen. Die Knöpfe auf die Vorderseiten nähen, dann die Vorderteile feststecken und mit Langettenstichen annähen.

Flower Power

Vorlage 2 auf Bogen A.

Material
- Sohlen (Prym)
- 30 x 30 cm Baumwollstoff in Hellgrün (Prym)
- Baumwoll-Häkelgarn in Hellgrün und Petrol für Nadelstärke 3,5 bis 4
- Häkelnadel Nr. 3
- 8 Blumenapplikationen in Pink und Rot (Buttinette)
- Nähgarn in Farbe der Blütenmitten
- Kreativgarn in Grün (Prym)

Maschenprobe

20 feste Maschen ergeben in der Breite 10 cm.

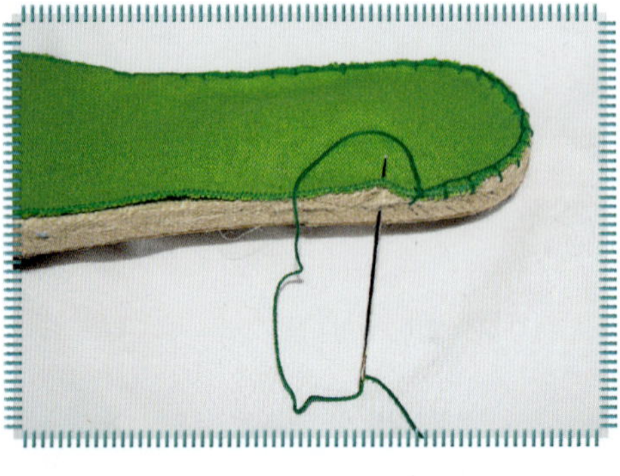

Anleitung

Aus dem Baumwollstoff mithilfe der Sohlen als Schablonen 2 gegengleiche Innensohlen zuschneiden. Die Teile rundum mit Zickzackstich (Breite = ca. 2,5 bis 3, Länge = ca. 1,5) versäubern. Innensohlen auf die Schuhsohlen legen und rundum mit Langettenstichen festnähen, siehe Abb. Position der Riemchen mithilfe der Vorlage und Stecknadeln an der Sohle markieren. Fuß auf die Sohle stellen und die benötigte Riemchenlänge für die Riemchen A bis D messen: Für jedes Riemchen pro gemessenem Zentimeter 2 Luftmaschen plus 2 Luftmaschen Zugabe anschlagen. Weiter feste Maschen in Reihen häkeln, dabei die 1. feste Masche jeweils durch 1 Wendeluftmasche ersetzen.

Für Riemchen A: 1 Reihe in Petrol und 2 Reihen in Hellgrün häkeln.

Für Riemchen B: 1 Reihe in Hellgrün häkeln.

Für Riemchen C: 1 Reihe in Hellgrün, 2 Reihen in Petrol und 2 Reihen in Hellgrün häkeln.

Für Riemchen D: 2 Reihen in Hellgrün häkeln.

Jeweils 2 Riemchen A bis D häkeln, die Fadenenden vernähen.

Die Riemchen an die Sohlen stecken und mit Langettenstichen annähen. Blümchen auf die Riemen stecken und mit wenigen Stichen durch die Blütenmitten unsichtbar festnähen.

Liebe Leserin, lieber Leser,

schon lange habe ich darauf gewartet: Endlich habe ich die Möglichkeit, selber meine Schuhe zu gestalten! Als bekennende Schuhliebhaberin habe ich große Freude daran, meine Outfits immer mit den passenden Schuhen zu kombinieren. Dabei stoße ich oft an Grenzen, wenn zum Beispiel die von mir bevorzugte Farbe gerade nicht modern und damit im Laden auch nicht zu bekommen ist. Jetzt bin ich völlig frei, kann jeden beliebigen Stoff in jeder Farbe und jedem Muster wählen, kann diesen mit Textilsprühfarbe sogar selbst färben und mustern, Lack oder Leder einsetzen. Ich kann mit allen möglichen Materialien spielen, wie Bändern aus Leder oder Stoff, mit Pailletten, Knöpfen, Ringen oder Strass-Steinen. Es gibt Stiefelchen, Halbschuhe, Schläppchen oder Sandalen, genäht, gehäkelt, appliziert. Es gibt so viele Ideen, dass ich jeden Tag ein anderes Paar kreieren könnte …

Bald werde ich wohl meine Kleider den Schuhen anpassen, weil die immer ausgefallener und farbiger werden! Ich wünsche Ihnen viel Spaß mit der neuen Schuhmanie!

Sybille Rogaczewski-Nogai

Blütenmeer

Vorderteil 1 auf Bogen B.

Material

- Sohlen (Prym)
- 50 x 35 cm Leinen in Weiß (Prym)
- Je 3 m Satinband in Orange (15 mm breit), in Rot (6 mm breit), und Lila (3 mm breit)
- 10 quadratische Knöpfe in Orange, Rot und Pink, ca. 13 x 13 mm groß
- Fashion-Spray in Orange, Rot und Lila (Marabu)
- Meliertes Perlgarn Nr. 5 in Rotorange
- Prospekthülle
- Jumbo-Locher Blüte (Heyda)
- Küchenkrepp
- Zeitungspapier als Unterlage
- Tesafilm

Anleitung

Jedes Satinband in vier Stücke von 75 cm Länge schneiden. Die breiten Bänder jeweils an einer Schmalseite 2-mal 0,5 cm breit nach rechts umbügeln. Je ein Band in Lila und Rot nebeneinander in den Umschlag schieben und diesen schmalkantig feststeppen.
Drei Blütenschablonen basteln: 3 Ovale mit ca. 8 bis 10 cm Ø ausschneiden, die Ovale halbieren. Jeweils eine Hälfte mit dem Blütenlocher lochen, sodass die Blüte relativ nah an der geraden Schnittkante sitzt. Je eine gelochte und eine ungelochte Hälfte wieder zum Oval zusammenkleben, siehe Abb. A.
Arbeitsfläche mit Zeitungspapier abdecken. 1. Schablone auf den Stoff legen und mit Lila besprühen, die Schablone verschieben, erneut besprühen usw. Schablone zwischendurch mit Küchenkrepp abtupfen. Genauso mit Rot und Orange und den beiden anderen Schablonen verfahren, siehe Abb. B. Nach dem Trocknen und Fixieren (siehe Herstellerangaben) vier Vorderteile und zwei

Mächtig auf Zack

Vorder- und Fersenteil 3 und 4 auf Bogen A.

Material

- Sohlen (Prym)
- 45 x 45 cm Leinen in Hellgrün (Prym)
- 45 x 45 cm gepunkteter Baumwollstoff in Hellgrün (Buttinette)
- Je 60 cm Zackenlitze in 3 Grüntönen, 3 verschiedene Breiten
- Perlgarn Nr. 5 in Hellgrün
- Aqua-Trickmarker (Prym)

Anleitung

Teile zuschneiden, siehe Workshop Seite 32. Auf die Oberstoffe der Vorderteile quer in unterschiedlichen Abständen fünf Stücke Zackenlitze aufsteppen, quer auf die Fersenteile (2 cm unterhalb der Oberkante) eine Zackenlitze nähen, siehe Abb.
Für die Zackenkante eine Schablone anfertigen (= graue Fläche im Schnitt-Teil 3). Mithilfe der Schablone die Nahtlinien auf die linken Seiten der Oberstoff-Vorderteile zeichnen. Schuhe wie im Workshop beschrieben nähen, dabei an den Vorderteilen genau auf der eingezeichneten Nahtlinie nähen. Vor dem Wenden der Schuhteile die Nahtzugaben zwischen den Zacken bis dicht an die Naht einschneiden und an den Spitzen der Zacken zurückschneiden, siehe auch Umschlagseite B.

Herzlich verspielt

Vorder- und Fersenteil 5 und 6 auf Bogen A.

Material

- Sohlen (Prym)
- 50 x 100 cm gemusterter Stoff in Rot-Rosa-Türkis (wegen des Musters wird eine größere Stoffmenge benötigt, Buttinette)
- 45 x 45 cm Baumwollstoff in Pink (Buttinette)
- 60 cm kariertes Rüschenband in Rosa, ca. 2 cm breit
- Perlgarn Nr. 5 in Rosa

Anleitung

Schuhteile so zuschneiden, dass auf den Vorderteilen das Herzmotiv in der Mitte liegt, bei den Fersenteilen auf eine symmetrische Anordnung achten. Zwei 10 cm lange Stücke von der Rüsche abschneiden und die Schmalseiten rechts auf rechts aufeinandernähen, sodass Ringe entstehen. Die Rüschen wenden, die Nahtzugaben liegen jetzt innen. Dann die Stücke jeweils in der Mitte rechts auf rechts an die Oberkanten der Fersenteile aus Oberstoff stecken, die Rüsche liegt dabei auf dem Stoff, zeigt also nach unten. Dann die Fersenteile wie beschrieben verstürzen und absteppen.

Die restliche Rüsche teilen und jeweils rechts auf rechts an die Oberkanten der Vorderteile aus Oberstoff stecken, siehe Abb. Dabei an der Spitze die Rüsche mit einer kleinen Falte um die Ecke legen. Schuhe wie im Workshop beschrieben fertigstellen.

Lieblingsjeans für die Füße

Schnitt-Teile 7 bis 9 auf Bogen B.

Material

- Sohlen (Prym)
- 30 x 140 cm Jeansstoff, alternativ eine alte Jeans
- Pompon-Set (Prym)
- Wolle in Weiß
- 6 Nähfrei-Druckknöpfe in Weiß, 13 mm Ø (Prym)
- Perlgarn Nr. 5 in Hellblau

Anleitung

Schnitt-Teile je 2-mal gegengleich zuschneiden. Für den rechten Stiefel das Fersenteil zwischen den Passzeichen A und B sowie C und D rechts auf rechts an das Vorderteil steppen. Die Nahtzugaben über A und C nicht nähen, sondern die Naht erst 1 cm unterhalb der Stoffkante des Fersenteils beginnen. Den Schaft an der Oberkante und den Schmalseiten mit Zickzackstichen

versäubern. Die obere Schaftkante 1 cm breit nach links umnähen. Dann die Schmalseiten 3 cm breit nach links umschlagen und feststeppen. Den Schaftstreifen ab Passzeichen E rechts auf rechts nach hinten an das Fersenteil, dann an das Vorderteil und bis Passzeichen F wieder an das Fersenteil stecken und annähen. Nahtzugaben nach unten bügeln und die Naht 0,5 cm breit absteppen. Stiefelteil an die Sohle nähen, siehe Workshop. Die Druckknöpfe montieren, dafür den Stiefel anprobieren und die gewünschte Position der Druckknöpfe bestimmen.

Den 2. Stiefel entsprechend arbeiten.

Mit dem Pomponset 4 Pompons mit 3 cm Ø arbeiten, siehe Herstellerangaben. Jeweils an der oberen Schaftkante, in der Mitte der Außenseite, mit einer dicken Nadel einen 40 cm langen Wollfaden einziehen, Enden gleich lang ziehen und den Faden am Schaft verknoten. Dann die Pompons so an die Fäden nähen, dass die Pompons übereinanderhängen.

Edel umringt

Material

- Sohlen (Prym)
- 30 x 30 cm Köperstoff in Braun
- 30 x 30 cm Vlieseline H180 (Freudenberg)
- Baumwoll-Häkelgarn Catania in Taupe und Silber, Lauflänge ca. 125 m/50 g (Schachenmayr)
- 6 flache Häkelringe, 26 mm Ø (Prym)
- 6 runde Häkelringe, 39 mm Ø (Prym)
- 4 Patentknöpfe in Messing, 16 mm Ø (Prym)
- Rocailles in Transparent
- Häkelnadel Nr. 2
- Wollnadel
- Perlennadel
- Perlgarn Nr. 5 in Taupe
- Nähgarn

Anleitung

Das Vlies auf die linke Seite des Stoffs bügeln. Mithilfe der Sohlen als Schablonen 2 gegengleiche Innensohlen zuschneiden, die rundum etwa 0,5 cm kleiner sind als die Oberseite der Sohle. Die Innensohlen auf die Sohlen legen und rundum mit Langettenstichen festnähen. Dabei so einstechen, dass ca. 2 bis 3 mm von der Innensohle mitgefasst werden und die querlaufenden Schlingen der Langettenstiche auf die Oberseite der Sohle ziehen.

Die kleinen Häkelringe jeweils mit 34 festen Maschen umhäkeln, siehe Umschlagseite D. Runden jeweils mit einer Kettmasche in die 1. feste Masche schließen. Fäden vernähen. Den 1. großen Ring bis zur Hälfte mit 23 festen Maschen umhäkeln, 3 Luftmaschen arbeiten, den 2. Ring ebenfalls zur Hälfte mit 23 festen Maschen umhäkeln. Wieder 3 Luftmaschen und 23 feste Maschen um den 3. Ring arbeiten. Erneut 3 Luftmaschen häkeln, in die 2. und 3. Luftmasche ab der Nadel sowie in die letzte feste Masche am Ring jeweils 1 feste Masche arbeiten, dann den Ring mit weiteren 23 festen Maschen komplett umhäkeln. In die 3 Verbindungsluftmaschen zwischen den Ringen jeweils 3 feste Maschen häkeln und die anderen beiden Ringe ebenfalls komplett umhäkeln. Am Ende noch 1-mal 3 Luftmaschen arbeiten, in die 2. und 3. Luftmasche ab der Nadel jeweils 1 feste Masche arbeiten und mit 1 Kettmasche in die feste Masche am Ring die Lasche fest an den Ring ziehen. Fäden vernähen. 2. Ringband entsprechend häkeln.
Die großen Ringe jeweils auf die kleinen Ringe setzen und von hinten mit Nähgarn zusammennähen. Rocailles gleichmäßig verteilt rund um die großen Ringe und in der Mitte der kleinen Ringe annähen, dabei 3 Rocailles gleichzeitig auf die Nadel nehmen und be-

festigen. Die Patentknöpfe zwischen den Ringen in die Verbindungsmaschen eindrücken. Die Füße auf die Sohlen stellen, Ringbänder passend feststecken und mit den gehäkelten Laschen an der Sohle festnähen.

Tipp: Die Tasche zum Schuh können Sie auch nähen! Die Anleitung finden Sie auf http://www.christophorus-verlag.de/de/unsere-buecher/service-download-zu-den-buechern.html.

Für pompöse Auftritte

Vorder- und Fersenteil 10 und 11 auf Bogen B.

Material
- Sohlen (Prym)
- 2 Gürtel in Gold, ca. 12 mm breit
- 25 x 85 cm feiner Goldlamé (Buttinette)
- 25 x 85 cm Vlieseline H180 (Freudenberg)
- 35 x 85 cm Satin in Creme
- 16 Perlmuttknöpfe in Natur, 10 mm Ø (Dill)
- Perlgarn Nr. 5 in Natur
- Lochzange

Anleitung

Die Vlieseline auf die linke Seite des Goldlamés bügeln. Nach der Vorlage das Vorderteil und das Fersenteil je 2-mal gegengleich aus Goldlamé und Satin zuschneiden. 2 gegengleiche Innensohlen aus Satin zuschneiden, dafür die Sohlen als Schablonen verwenden. Für die hinteren Stege je 2 Rechtecke à 5,5 x 6 cm aus Lamé und Satin zuschneiden. Jeweils ein Vorderteil aus Satin und Lamé rechts auf rechts aufeinanderlegen. Die kurzen Kanten aufeinandersteppen, die Nahtzugaben zum Lamé bügeln. Dann die Nahtzugaben an den Stegen 1 cm breit nach innen bügeln und 4 cm weit zu beiden Seiten der Naht von rechts 0,5 cm breit absteppen, siehe Abb. A. Die Teile wieder rechts auf rechts aufeinanderlegen und – an den Steppnähten beginnend – bis zu den Passzeichen ★ aufeinandernähen, siehe Abb. B. Die Nahtzugaben an den Rundungen bis dicht an die Naht einschneiden, die Teile wenden und die Kanten bis zu den bestehenden Steppnähten ebenfalls 0,5 cm breit absteppen.

Je 1 Lamé- und Satinrechteck an einer Längsseite rechts auf rechts aufeinandernähen, die Nahtzugaben auseinanderbügeln. Die Längsseiten des Streifens 1 cm breit nach links umbügeln und 0,5 cm breit absteppen.

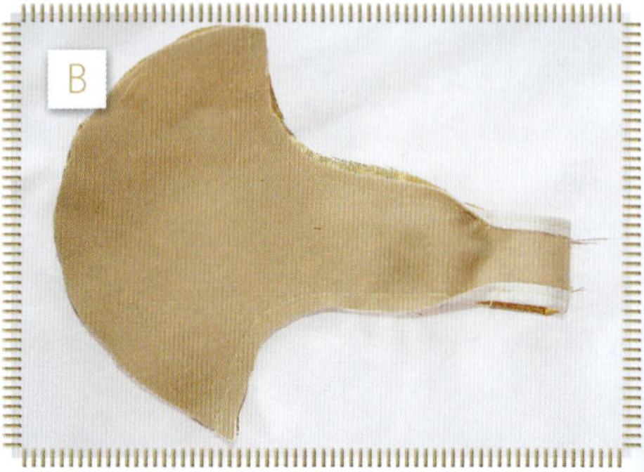

Die offenen Streifenenden jeweils links auf links aufeinandernähen (füßchenbreit und mit 2 cm Abstand zur Kante), sodass Schlaufen entstehen. Die Schlaufen jeweils in der Mitte der Oberkanten auf die rechten Seiten der Fersenteile aus Lamé legen, dabei liegen die offenen Streifenenden an der Stoffkante, Lamé auf Lamé. Je ein Fersenteil aus Satin rechts auf rechts darüberlegen und die Oberkanten zusammensteppen. Die Teile wenden und die Oberkante 0,5 cm breit absteppen. Alle noch offenen Kanten mit Zickzackstichen versäubern. Fersenteile zwischen den Passzeichen ★ und ▼ 1 cm weit unter die Vorderteile schieben und feststecken. Ein Schuhteil probeweise an eine Sohle stecken und anprobieren. Falls nötig, die Teile noch etwas weiter übereinanderschieben. Das Schuhteil wieder abnehmen, den 2. Schuh entsprechend ändern und Fersen- und Vorderteile aneinandernähen. In 2 cm großen Abständen Punkte auf Steg und Vorderteil aufzeichnen, dabei 1 cm ab der Oberkante beginnen. Knöpfe dort annähen. Die Innensohlen rundherum versäubern und auf die Sohlen nähen. Die Schuhteile feststecken und annähen, siehe Workshop auf Umschlagseite C.
Gürtel auf ca. 35 cm Länge (mit Schnalle) kürzen, neue Löcher zum Verstellen einstanzen und durch die Stege ziehen.

Marine-Look

Vorlage 2 auf Bogen A.

Material
- Sohlen (Prym)
- 30 x 30 cm Baumwollstoff in Dunkelblau (Prym)
- Baumwoll-Häkelgarn in Weiß für Nadelstärke 3,5 bis 4
- Häkelnadel Nr. 3
- 2 Spiralknöpfe in Dunkelblau, Größe ca. 5 cm (Dill)
- Nähgarn in Dunkelblau
- Kreativgarn in Dunkelblau und Weiß (Prym)

Maschenprobe für feste Maschen
20 Maschen und 24 Reihen = 10 x 10 cm

Anleitung

Aus dem Baumwollstoff mithilfe der Sohlen als Schablonen 2 gegengleiche Innensohlen zuschneiden. Die Teile rundum mit Zickzackstich (Breite = ca. 2,5–3, Länge = ca. 1,5) versäubern. Innensohlen auf die Schuhsohlen legen und rundum mit Langettenstichen festnähen. Um die Länge der Riemen zu bestimmen, den Fuß auf die Sohle stellen und in Höhe der Oberkante von Streifen C (siehe Vorlage) die Weite von der Sohlenmitte über den Fuß bis zur Sohlenmitte auf der anderen Seite messen. Pro gemessenem Zentimeter 2 Luftmaschen anschlagen, dann noch zusätzlich 3 Luftmaschen als „Nahtzugabe" anschlagen. 12 Reihen feste Maschen häkeln, dabei in jeder Reihe die erste feste Masche durch eine Wendeluftmasche ersetzen.

Dann für den Bogenrand 4 Luftmaschen häkeln, in die 3. Masche der Reihe 1 feste Masche häkeln, * 3 Luftmaschen arbeiten und 1 feste Masche in die übernächste Masche häkeln, ab * fortlaufend wiederholen. Die Fäden vernähen.

Die Spiralknöpfe mittig auf die Riemen nähen. Riemen passend an die Sohlen stecken, dazu den Fuß auf die Sohle stellen und die gewünschte Position bestimmen, und mit Langettenstichen annähen.

Häkelzauber

Vorder- und Fersenteil 5 und 6 auf Bogen A.

Material

- Sohlen (Prym)
- 45 x 45 cm Leinen in Rot (Prym)
- 45 x 45 cm Baumwollstoff in Lila (Buttinette)
- 2 Häkeldeckchen, 7 bis 9 cm Ø (Buttinette)
- Filzrest in Lila, 4 x 7 cm
- Waschmaschinen-Farbe in Pink (Kreul)
- 2 Strass-Steine in Rot, 10 bis 12 mm Ø (Prym)
- Kreativgarn in Rot (Prym)
- Eventuell Textilkleber

Anleitung

Teile zuschneiden, siehe Workshop. Die Deckchen in der Waschmaschine nach Anleitung des Herstellers färben. Auf die rechten Seiten der Oberstoff-Vorderteile je ein Häkeldeckchen stecken und ca. 1 cm vom Rand entfernt rundum festnähen. Aus dem Filz zwei Kreise mit 3 cm Ø schneiden. Die Kanten durch ca. 5 mm tiefe Einschnitte in kleinen Abständen ausfransen. Filzkreise auf die Mitten der Deckchen nähen. Stoffteile wie im Workshop beschrieben zusammennähen. Die Strass-Steine jeweils mittig auf die Filzkreise nähen oder kleben. Schuhteile an die Sohlen stecken und festnähen, siehe Workshop.

Luftig in Orange

Vorlage 12 auf Bogen A.

Material
- Sohlen (Prym)
- 180 cm Plisseeband in Orange, 100 mm breit (Gütermann)
- 180 cm Paillettenband in Apricot, 25 mm breit (Prym)
- 8 Nähfrei-Druckknöpfe Color in Gelb, 13 mm Ø, mit passendem Werkzeug (Prym)
- Perlgarn Nr. 5 in Orange

Anleitung

Vom Plisseeband jeweils zwei Streifen in den Längen 20 cm (A), 30 cm (B) und 40 cm (C) abschneiden.

Alle Plisseestreifen an je einer Schmalseite 1 cm breit umnähen. Zum Maßnehmen der Streifenlänge an einem Schuh die umgenähte Kante des kurzen Streifens (A) auf der inneren Sohlenseite im Ballenbereich am Rand feststecken, siehe A1 in der Vorlage. Dabei das Band so in kleine Falten legen, dass die fertige Breite 6 cm beträgt, siehe Abb. Den langen Streifen (C) auf der Außenseite C fixieren, fertige Breite 5 cm. Dann die Längskante des Streifens (an der Fersenseite) ca. 1 cm nach links einschlagen und die Längskante ebenfalls an der Sohle feststecken, bis etwa 3 cm hinter der Fersenmitte. Den mittleren Streifen (B) im Fersenbereich B feststecken, fertige Breite 5 cm. Auch hier die Längskante wie beschrieben einschlagen und bis zur Fersenmitte an die Sohle stecken. Den Fuß auf die Sohle stellen, Streifen A darüberlegen, die noch offene Kante passend nach links umschlagen und feststecken (fertige Breite 8 cm). Hintere Bänder B und C um den Fuß legen und 10 cm überlappend abschneiden. Die Streifen wieder abnehmen. An beiden Streifen A die Länge bis zum Einschlag plus 1 cm Nahtzugabe kürzen. Pailettenbänder in der gleichen Länge zuschneiden und mittig auf die Streifen nähen. Die Streifen erneut feststecken und mit Langettenstichen annähen, siehe Workshop.

Die beiden anderen Streifen B und C entsprechend schneiden. Paillettenbänder jeweils 4,5 cm kürzer zuschneiden. Die Plisseestreifen an den offenen Kanten je 2-mal 2 cm

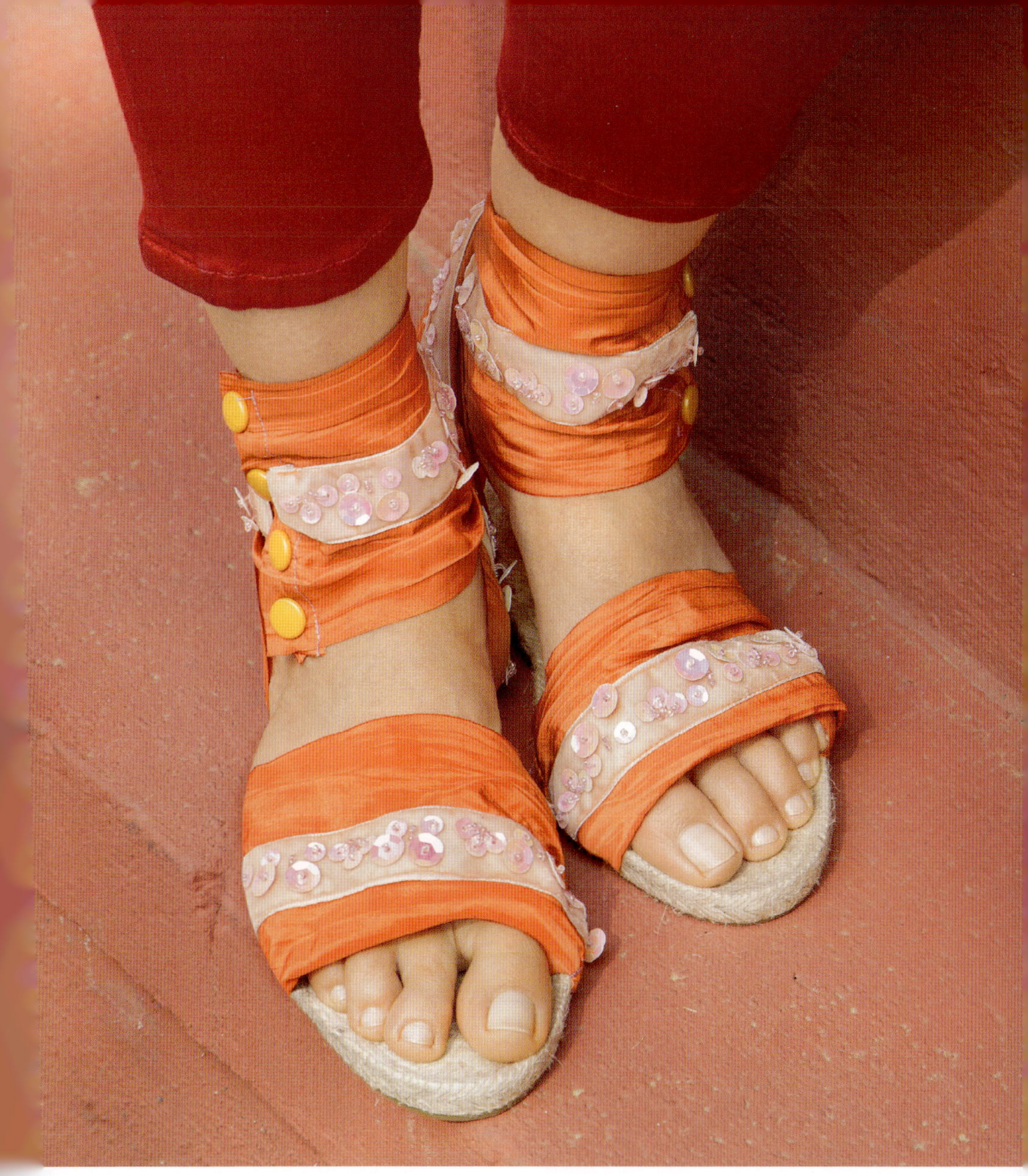

breit nach links umschlagen und knapp absteppen. In die umgenähten Kanten jeweils vier Druckknöpfe stanzen, siehe Herstellerangaben, dabei darauf achten, dass die Schließrichtung stimmt. Die Enden der Paillettenbänder jeweils 0,5 cm nach links umschlagen und die Bänder ab der Steppnaht am Verschluss mittig auf die Plisseestreifen nähen. Die Streifen B und C erneut an die Sohlen stecken und festnähen.

Leder und Knöpfe

Vorlage 13 auf Bogen B.

Material
- Sohlen (Prym)
- 16 Halbringe für 20 mm breites Band (Prym)
- 20 x 80 cm Lederimitat in Schwarz (Buttinette)
- Perlgarn Nr. 5 in Hellgelb (Buttinette)
- 30 verschiedene Druckköpfe für Anorak oder Jeans (je 6 in 5 unterschiedlichen Designs), 20 mm Ø, entsprechendes Werkzeug
- Foldback-, Wäsche- oder Büroklammern

Anleitung

Ringe laut Vorlage an die Seiten der Sohlen nähen, siehe Abb. A. Aus dem Lederimitat 2 cm breite Streifen schneiden, je 2-mal: 28 cm, 32 cm, 34 cm, 44 cm und 4-mal 75 cm.

Die Streifen jeweils durch die gegenüberliegenden Halbringe ziehen, sodass der Streifen überall doppelt liegt und die Enden sich zusätzlich noch 3 bis 4 cm überlappen. Der kürzeste Streifen ist vorne, der 44 cm lange Streifen hinten. Die Länge der Streifen am Fuß korrigieren und die Streifen mit den Klammern fixieren. Die Streifen jeweils mit drei Knöpfen befestigen, dabei deckt immer ein äußerer Knopf das Streifenende ab. Durch die hinteren Ringe jeweils zusätzlich noch einen 75 cm langen Streifen 3 cm weit durchziehen und mit je einem Druckknopf fixieren, siehe Abb. B.

A

B

Belesene Stiefel

Vorderteil 7, Fersenteil 8 und Schaft 14 auf Bogen B.

Material
- Sohlen (Prym)
- 40 x 90 cm Stoff mit Zeitungsdruck (Buttinette)
- 2 Reißverschlüsse mit breiten Plastikzähnchen in Schwarz, 16 cm lang (Prym)
- 3 m Strassband in Schwarz (Prym)
- Kreativgarn in Weiß (Prym)
- Feuerzeug

Anleitung

Falls der Schaft an der Oberkante weiter sein soll, können Sie den Papierschnitt am eingezeichneten Fadenlauf einschneiden und so weit auseinanderziehen, bis die gewünschte Weite erreicht ist. Schnitt-Teile je 2-mal gegengleich zuschneiden.

Für den 1. Stiefel das Fersenteil zwischen den Passzeichen A und B sowie C und D rechts auf rechts an das Vorderteil steppen. Die Nahtzugaben über A und C nicht nähen, sondern die Naht erst 1 cm unterhalb der Stoffkante des Fersenteils beginnen. Die Bandenden am oberen Reißverschlussende bis auf 1 cm Überstand abschneiden und mit dem Feuerzeug anschmelzen, um ein Ausfransen zu verhindern.

Den Reißverschluss rechts auf rechts 0,75 cm breit an die Seitenkanten des Schafts steppen, der Stoff reicht dabei oben bis zu den Bandenden des Reißverschlusses, unten liegt das Ende der Zähnchen genau 1 cm oberhalb der Stoffkante. Das Teil wenden, den Stoff vom Reißverschluss wegbügeln und von rechts schmal absteppen. Obere Schaftkante versäubern, 1 cm breit nach links umschlagen und feststeppen. Den Schaft rundum rechts auf rechts an das Unterteil nähen, dabei trifft der Reißverschluss auf Nahtzeichen G. Stiefelteil an die Sohle nähen, siehe Workshop. 10 Stücke Strassband in Länge der Schaftansatznaht zuschneiden und 5 Stücke dicht untereinander auf Höhe der Naht neben dem Reißverschluss festnähen, um den Schaft führen und auf der anderen Seite des Reißverschlusses ebenfalls festnähen.

Den 2. Stiefel entsprechend nähen.

von Höchstrichtern
OPINION

Wie aus 1000 und einer Nacht

Vorder- und Fersenteil 15 und 16 auf Bogen A.

Material
- Sohlen (Prym)
- 75 x 110 cm Chiffon in Türkis (Buttinette)
- 35 x 60 cm Brokat in Türkis (Buttinette)
- 2 Stücke à 40 x 40 cm aufbügelbarer Futterstoff (Prym) oder 1 Stück à 35 x 60 cm
- Perlgarn Nr. 5 in Türkis

Anleitung

Den Futterstoff auf die linke Seite des Brokats bügeln. Je 2 gegengleiche Vorder- und Fersenteile zuschneiden. Die Fersenteile jeweils an einer Schmalseite (A bis B) 1 cm breit nach links umbügeln und absteppen. Dann die Oberkanten ebenfalls umbügeln. Die Fersenteile zwischen den Passzeichen C und D an die Vorderteile nähen. Die Nahtzugaben ins Vorderteil bügeln, dabei auch die noch offene Kante des Vorderteils zwischen C und B 1 cm breit nach links umbügeln. Die Unterkanten der Schuhteile rundum versäubern.

Zwei Chiffonteile à 75 x 55 cm zuschneiden und rundum mit breitem Zickzackstich versäubern. Jeweils eine lange Kante ab Passzeichen A 1 cm weit unter die eingeschlagenen Oberkanten der Vorder- und Fersenteile stecken, dabei steht der Chiffon an den Seiten ca. 20 cm über. An der Ecke zwischen Vorder- und Fersenteil den Chiffon nicht ganz 1 cm breit unter den Stoff schieben, sodass er sich um die Ecke legen lässt, siehe Abb. Die Oberkanten von Fersen- und Vorderteilen schmal und füßchenbreit absteppen, dabei den Chiffon annähen.

Die Schuhteile an die Sohlen stecken, dabei reicht das Fersenteil jeweils mit der umgenähten Kante 1 cm weit über das Vorderteil. Die Schuhteile annähen, siehe Workshop.

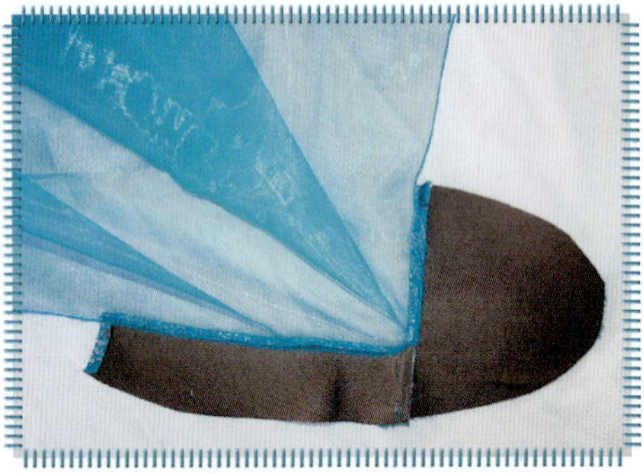

Schön verschnürt

Vorlage 17 auf Bogen A.

Material
- Sohlen (Prym)
- je 2 Streifen Textilgarn in Blau und Türkis, jeweils 250 cm lang (Buttinette)
- 6 Scoubidou-Bänder in verschiedenen Blautönen, je 150 cm lang
- Perlgarn Nr. 5 in Hellblau
- Feuerzeug
- Flachzange

Anleitung

Je drei Scoubidou-Bänder an den Enden miteinander verknoten und flechten, Enden ebenfalls mit Knoten sichern.

Anfang eines Flechtbandes am Rand der Sohle feststecken (siehe ◆ in der Vorlage), dann das Band rundum die Sohle führen, dabei nach der Vorlage Bögen nach oben legen und feststecken, siehe Abb. A. Anfang und Ende so abschneiden, dass sie etwas überlappen. Die Enden ein wenig anheben, mit dem Feuerzeug anschmelzen und mit der Zange aufeinanderdrücken. Flechtbänder rundum festnähen, dazu den Faden jeweils durch die Sohle und um die Flechtbänder führen. Je 2 Streifen Textilgarn durch die Schlaufen fädeln, dabei an den vorderen Schlaufen beginnen und die Streifen jeweils von außen nach innen fädeln. Dann im Zickzack-Muster weiter durch die anderen Schlaufen fädeln, siehe Abb. B.

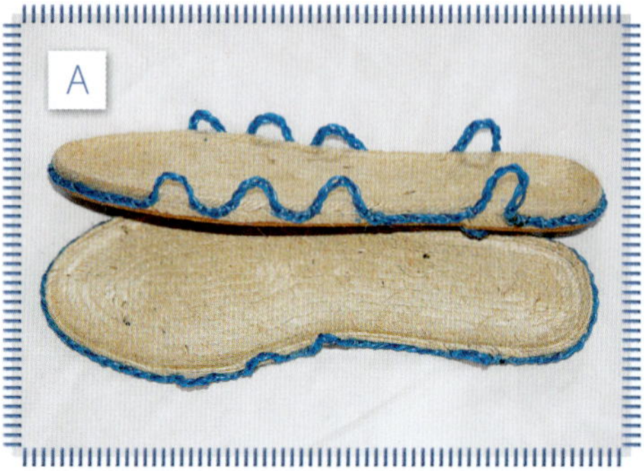

Allgemeines

Neben den speziellen Materialien für Ihren Schuh, die in der jeweiligen Anleitung aufgeführt sind, benötigen Sie eine Grundausstattung. Dazu gehört:

- Stoff- und Papierschere
- Nähnadeln
- Stecknadeln (kurze Stecknadeln mit Glaskopf eignen sich besonders gut, um die Schuhteile an den Sohlen zu fixieren)
- Sticknadeln mit Spitze zum Annähen der Schuhteile an die Sohlen
- Bügeleisen
- Maßband
- Lineal
- Bleistift
- Schneiderkreide
- Nähgarn
- Schnittmusterpapier oder -folie

Vorbereitung

Baumwoll- und Leinenstoffe laufen schon ein, wenn sie einfach nur nass werden. Deshalb sollten Sie die Stoffe vor der Verarbeitung entweder waschen oder einmal in Wasser tauchen und wieder trocknen lassen.

Sohlengröße bestimmen

Auf Bogen A finden Sie eine Zeichnung mit den verschiedenen Sohlengrößen. Stellen Sie Ihren Fuß auf das Papier und wählen Sie die Sohlengröße, die etwa 1 cm länger ist als Ihr Fuß.

Größen

Damit Ihr Schuh optimal sitzt, ist es gut, zuerst einen Probeschuh zu nähen. Daran können Sie z. B. sehen, ob das Vorderteil eventuell etwas enger oder weiter sein sollte. Ändern Sie den Schnitt entsprechend, bevor Sie die Teile aus dem richtigen Stoff zuschneiden.

Ist Ihnen das zu aufwendig, können Sie alternativ Ihren Fuß ausmessen. Stellen Sie dazu den Fuß auf die Sohle. Legen Sie das Schnittmuster des Vorderteils auf den Fuß, sodass es vorne in der Mitte der Sohle beginnt. Für einen guten Sitz muss das Schnittmuster dann über dem Rist genau von der Sohlenmitte an der einen bis zur Sohlenmitte an der anderen Seite reichen. Ist das Schnittmuster zu schmal oder zu breit, schneiden Sie es in der Mitte (= eingezeichneter Fadenlauf) ein und ziehen das Schnittmuster am Einschnitt entsprechend auseinander oder schieben es übereinander. Fixieren Sie die Änderung mit Papier und Tesafilm. Falls das Vorderteil in der Mitte eine Spitze oder eine Zackenkante hat, zeichnen Sie die Linien neu ein, sodass Sie wieder in der Mitte des Vorderteils sitzen. Ändern Sie einen Schnitt, bei dem noch ein Schaft angenäht wird, müssen Sie die Schaftweite ebenfalls entsprechend ändern. Stecken Sie das Schuhteil vor dem Versäubern der Unterkanten an die Sohle und probieren den Schuh an. Ist der Schuh noch zu weit, lösen Sie die Nadeln an den entsprechenden Stellen und ziehen den Stoff weiter um die Sohle. Stecken Sie den Stoff wieder fest. Zeichnen Sie in der Mitte der Sohlenkante eine Linie auf den Stoff, nehmen das Schuhteil wieder ab und schneiden den Stoff bis zur Markierungslinie zurück. Am korrigierten Teil können Sie jetzt die Unterkante versäubern und wie im Workshop beschrieben weiterarbeiten.

Die Nahtzugaben (1 cm an den Nähten, 0,5 cm an der Schuhunterkante zum Annähen an die Sohle) sind in den Schnitt-Teilen bereits enthalten.

Workshop Espadrilles

Zuschneiden

1. Schneiden Sie jeweils 2 Vorderteile und Fersenteile aus Oberstoff und Futter zu, insgesamt also 8 Teile. Die asymmetrischen Teile aus gleichem Stoff (hier die Vorderteile) müssen natürlich jeweils gegengleich sein – für den rechten und den linken Schuh. Die Nahtzugaben sind in den Schnitt-Teilen bereits enthalten.

Schuhteil

2. Je 1 Futter- und 1 Oberstoff-Fersenteil an der Oberkante rechts auf rechts aufeinanderstecken und nähen.
Die Teile wenden, die Nahtzugaben auseinanderbügeln. Dann die Naht flach bügeln, sodass an der Kante nur der Oberstoff zu sehen ist und die Naht nicht direkt an der Kante liegt, sondern ganz leicht Richtung Innenseite verschoben ist. Die Naht 0,5 cm breit (oder wie angegeben) absteppen.

3. Das Fersenteil mithilfe der Passzeichen rechts auf rechts an das Vorderteil aus Oberstoff stecken.

4. Dann das Futter-Vorderteil mit der rechten Seite passend auf die rechte Seite des Oberstoffvorderteils stecken. Das Fersenteil liegt jetzt zwischen den beiden Vorderteilen. Die Teile an der Oberkante 1 cm breit aufeinandernähen.